Kurt A. Bernecker

Sag es mit Blumen in Kreuzstich

Kurt A. Bernecker

Sag es mit Blumen
in Kreuzstich

rosenheimer

Vorwort

Blumen verschönern nicht nur unser tägliches Leben, sie faszinieren uns immer aufs Neue. Die Abstufungen der Farben und die vollendeten Formen, die die Natur hervorbringt, begeistern natürlich erst recht einen Designer. So sammelt man im Lauf der Jahre Skizzen und besonders gelungene Abbildungen, um die dargestellten Blüten einmal als Kreuzstichentwurf zu verwirklichen. Dass diese Entwürfe überwiegend aus dem nördlichen Bereich Deutschlands stammen, hängt einfach damit zusammen, dass ich dort lebe und sich dadurch bestimmte Blumen und Blütenformen besonders einprägen.

Aus einem kleinen Teil der gesammelten Ideen und Anregungen ist nun dieses Buch entstanden. Nicht zufällig wurde der Titel »Sag es mit Blumen in Kreuzstich« gewählt. Wie viel Freude kann man mit einem selbst gefertigten Bild, einer nützlichen bestickten Tischdecke, einem Set oder Kissen bereiten; und wie schön ist es, wenn Sie Ihr Heim mit unvergänglichen selbst gearbeiteten Blumen verschönern!

Bei der Auswahl sind auch viele Wünsche nach meinen weniger bekannten Entwürfen aus den letzten Jahren berücksichtigt worden. Ich hoffe, dass Ihnen mein Werk in dieser Form gefällt und Sie viele Motive in feine Stickarbeiten umsetzen.

Besonders schön finde ich, dass diesem Buch zum ersten Mal das für die Anfertigung des Titelmotivs notwendige Material in einer Stickpackung beigefügt ist. So können Sie gleich damit beginnen, das wie ein Aquarell wirkende Motiv zu sticken.

Ich wünsche Ihnen viel Freude an diesem Buch,

Ihr Kurt A. Bernecker

Inhalt

Arbeits- und Materialhinweise	8
Königskerze	16
Iris	18
Maßliebchen	20
Veilchen	22
Veilchenstrauß	23
Christrose und Mimose	26
Vergissmeinnicht	28
Tulpe	30
Tulpenbukett	31
Phlox	34
Kapuzinerkresse	36
Ackerwinde	38
Winde	40
Krokuswiese	42
Rhododendron	44
Stiefmütterchenstrauß	46
Stiefmütterchen	48
Wildes Stiefmütterchen	49
Apfelblüte	52
Rosenranke	54
Farbenliste	57
Bezugsquellennachweis und verwendete Materialien	59
Impressum	64

Arbeits- und Materialhinweise

Der Kreuzstich

Alle Motive dieses Buches müssen ausgezählt werden. Um mit der immer noch verbreiteten Meinung, auf dem Stoff vorgezeichnete Stickereien seien einfacher zu arbeiten, einmal »aufzuräumen«, sei gesagt, dass es keine einfachere Sticktechnik gibt, als den ausgezählten Kreuzstich.

Symbole: Jedes Zeichen in der Musterzeichnung steht für eine Farbe sowie für einen kompletten Kreuzstich. Wenn der verwendete Stoff also fadengerade gewebt ist, entsteht immer eine optimale Wiedergabe der Muster.

Faden und Stoff: Der Kreuzstich für die Muster dieses Buches wird mit einem Faden des Stickgarns über zwei Fäden des Trägerstoffes gestickt. Die Feinheit einiger Entwürfe und die extrem starke Verkleinerung mancher Muster haben es notwendig gemacht, auch halbe Kreuze in Längs- und Querrichtung sowie Steppstiche zu verwenden.

Halbes Kreuz: Wenn Sie also in der Musterzeichnung Symbole finden, die nur das halbe Kästchen ausfüllen (hochkant oder quer), bedeutet dies, dass Sie einen kompletten Kreuzstich ausführen müssen, und zwar bei vertikaler Darstellung über zwei Fäden des Stoffes in der Höhe und einem Faden in der Breite, bei horizontaler Darstellung über zwei Fäden in der Breite und einem Faden in der Höhe.

Steppstich: Der Steppstich wird als »Linienstich« über zwei Fäden gestickt oder so, wie es im Muster angegeben ist.

Sticktechnik: In der Regel wird der Kreuzstich im Unterstich von links unten nach rechts oben und im Deckstich von rechts unten nach links oben geführt. Solange es möglich ist, bleibt man dabei in einer Garnfarbe und führt, soweit dies sinnvoll ist, erst alle Unterstiche in einer Farbe aus und auf dem Rückweg alle Deckstiche. Man sollte nie mehr als zwei Leerfelder oder Felder mit anderen Farben »überspringen«, besonders nicht bei Stickereien auf Gebrauchsmaterialien. Dann müssen Sie einfach die Enden des Stickgarns vernähen.

Vernähen: Vor Jahren galt es immer noch als besonders gekonnt, wenn die Rückseite der Stickerei nur gerade Linien zeigte und die vernähten Enden nicht zu sehen waren. Nur sollte man dabei bedenken, dass dieses Aussehen allenfalls zu erzielen ist, wenn in einer Farbe gestickt wird. Bei der hier gezeigten Form der Stickerei lässt dies der häufige Farbwechsel nicht zu. Und vernähen sollten Sie das Stickgarn auch nicht mehr durch »Schlingen« um gestickte Fäden. Bei der Beanspruchung durch Waschmaschinen lösen sich solche Vernähungen auf. Führen Sie das zu vernähende Ende unter drei gestickten Querfäden durch, gehen Sie über einen zurück und wieder unter zwei Fäden durch. Dann können Sie das Ende ganz kurz abschneiden; die Befestigung wird sich nicht lösen.

Anfang: Ach ja, der verflixte Anfang. Es ist so einfach! Halten Sie während der ersten vier Kreuze ein etwa 10 cm langes Stück des Stickfadens fest, fädeln aus, vernähen wie beschrieben, fädeln ein und sticken weiter.

Stickrahmen: Unterschiedliche Meinungen gibt es auch darüber, ob die Stickerei »aus der Hand« (oder in einem Stickrahmen ausgeführt werden sollte. Ich empfehle mit Stickrahmen zu sticken, sofern der Stoff von der Größe her zu spannen ist. Erstens gewöhnt man sich leichter daran, senkrecht zu sticken (gleichmäßigeres Stickbild), zum anderen gleicht sich so die von Tag zu Tag unterschiedliche Zugstärke der Stickhand aus.

Aufbewahren: Und noch ein Wort zum Aufbewahren angefangener Stickereien. Staub und Luftverunreinigungen führen dazu, dass die Stickerei leicht grau oder sogar schmutzig wird. Schlagen Sie daher nach jedem Sticken den freien Stoff über das Stickbild und verwahren Sie die Stickerei in einer Tüte. Und während des Stickens sollten Sie nach einer Weile immer einmal die Hände waschen, somit »färbt« auch der normale Fingerschweiß nicht ab.

Licht: Für eine gute Lichtquelle sollten Sie bei der feinen Stickerei immer sorgen. Eine 75-Watt-Birne, möglichst Halogen, über die Schulter leuchtend, sollte ausreichen. Bei hellem Trägerstoff legen Sie ein dunkles Tuch auf Ihre Knie, die Bindungen sind so besser zu zählen. Sollten Sie lieber jedes Kreuz komplett aussticken wollen, geht das natürlich auch, allerdings benötigen Sie dazu etwa 35 Prozent mehr Stickgarn.

Langjähriges Sticken bringt Erfahrung. Fassen Sie daher meine Ratschläge als Hilfe für die etwas unerfahrenen Stickerinnen und Sticker auf. Vielen von Ihnen werden die Tips eine Selbstverständlichkeit sein.

Das Stickgarn

Für einen Designer sind die Stickgarne so wichtig wie die Farben für den Maler. Farbnuancen und Farbabstufungen verändern jedes Bild. Die verbreitete Unsitte, jedem Entwurf gleich die Umsetzung in alle möglichen anderen Farben, sprich Garne, mitzuliefern, kann nur bedeuten, dass der Grundentwurf des Designers verfälscht wird, da andere Garnpaletten nicht die gleichen Farbabstufungen haben.

Ich habe mich für die matten, einfädigen HD-Garne der Uhlenhof-Stickereien entschieden, da sie farblich fein abgestuft in weichen, warmen Tönen hervorragende Entwürfe ermöglichen. Außerdem lassen sie ohne Risiko die Verwendung für Gebrauchsmaterialien zu. Natürlich sind einige wenige andere Garnpaletten – matt und einfädig – auf dem Markt. Wenn Sie also andere Garne verwenden wollen, sollten Sie die Anmerkungen zu den Umsetzungen unbedingt beachten.

HD-Garne von Uhlenhof-Stickereien sind laut Herstellerangabe aus 100 % reiner ägyptischer Makobaumwolle, sehr gut gezwirnt, was das Sticken doch sehr erleichtert, und indanthren gefärbt. Das heißt auch, nach einer ersten Wäsche bei 60 °C ist das Garn farb- und lichtecht. Da alle in diesem Buch verwendeten Materialien die gleiche Waschtemperatur haben, ist das Garn ideal geeignet. Achten Sie daher bei anderen

Stickgarnen gleicher Stärke darauf, welche Waschangaben der Hersteller macht. Glänzende, merzerisierte Stickgarne, die mehrfädig verstickt werden, lassen die Stickerei selbst bei größter Farbannäherung in der Umsetzung hart erscheinen. Häufig geht die aquarellähnliche Wirkung des Entwurfs verloren.

Bei der Umsetzung richten Sie sich nach den Farbangaben der HD-Garne auf Seite 57 und nach den in diesem Buch gezeigten Abbildungen. Suchen Sie sich für jede angegebene Farbe die Ihrer Meinung nach passendste Ihres Garns heraus. Legen Sie alle Garne, die Sie ausgewählt haben, nebeneinander und kontrollieren Sie, ob die Farben miteinander harmonieren. Wechseln Sie eventuell die nicht passenden aus. Nur so können Sie erreichen, dass Ihre Umsetzung, wenn sie schon kein getreues Abbild des Entwurfs ist, wenigstens in sich harmonisch wirkt. Vermeiden Sie dabei Farbbrüche. Stickereien können bei Farbbrüchen optisch »auseinanderfallen«.

Die Nadel

Als Sticknadel verwenden Sie bitte eine Nadel der Größe 24 bis maximal 22 ohne Spitze. Fachgeschäfte führen solche Nadeln auch im Einzelverkauf. Nadeln mit Spitze stechen häufig Gewebefäden an. Die Stickerei wirkt dann unschön.

Passepartouts und Montage

Eine gelungene Stickarbeit gewinnt durch das richtige Passepartout und den dazu passenden Bilderrahmen ganz enorm. Sie sollten bei der Gestaltung Ihrer wertvollen Arbeit auch nicht knausern; haben Sie doch viele Arbeitsstunden investiert und möchten Ihr Werk sicher auch angemessen präsentieren. Ich bin in diesem Buch daher auch vom Optimalen ausgegangen und habe die Entwürfe ausschließlich in Schrägschnitt-Passepartouts gerahmt. Und den Rahmen darauf genau abzustimmen, das ist für mich eine Selbstverständlichkeit.

Nun sind Schrägschnitt-Passepartouts kaum selbst zu schneiden, ganz abgesehen davon, dass die richtigen Passepartoutkartons meist fehlen. Alle von mir gezeigten Materialien sind jedoch über die Fachgeschäfte der Uhlenhof-Stickereien zu beziehen, so dass Ihnen keine hohen Kosten für Sonderanfertigungen entstehen. Der Hersteller hat sich auch verpflichtet, Ihnen einen Bezugsquellennachweis zuzusenden oder Ihre Bestellung an ein Fachgeschäft weiterzuleiten, das sich bereit erklärt, Ihnen die benötigten Artikel zuzusenden.

Nach Beendigung der Stickarbeit behandeln Sie das gute Stück wie in diesem Buch unter »Aufbereitung und Wäsche« beschrieben, legen das gewählte Schrägschnitt-Passepartout auf und rücken das Motiv in dem Ausschnitt so zurecht, dass es optisch gut wirkt. Es kommt nicht darauf an, das Motiv genau einzumitten. Häufig ist durch die filigrane Gestaltung oder Farbgebung der Blume die harmonische Einfügung in den Ausschnitt wichtiger. Halten Sie dann das Passepartout mit dem Motiv fest, drehen beides um und schneiden das Leinenstück so zu, dass es etwas kleiner ist, als die Umrisse des Passepartouts. Kleben Sie die Arbeit links auf links auf ein Stück Klebeband, führen Sie das Passepartout darüber, bis der Ausschnitt wieder der gewählten Lage entspricht und drücken Sie es dann sorgfältig an.

Im Rahmen mit einem einfachen weißen Stück Papier hinterlegt, wirkt Ihr Motiv wie ein kleines Aquarell, da man die Fadenbindungen durch die Hinterlegung nicht mehr exakt erkennt.

Signieren Sie das Passepartout vor der Rahmung.

Zubehör

Für Zubehör, das nicht üblicherweise im Handel erhältlich ist, habe ich die Bezugsquelle angegeben.

Größe und Umrechnung der Vorlagen

Die gewählten Stoffarten und die vorgegebenen Muster bestimmen die Größe jeder Stickerei. Für alle Muster in den Passepartoutkarten wurde weißes Stickleinen mit 12 Fäden je Zentimeter gewählt, um eine ideale Wirkung zu erzielen. Das Leinen wird nicht gänzlich abgedeckt und so die Leichtigkeit der Stickentwürfe noch unterstrichen.

Ausgehend von diesem Leinen und der Tatsache, dass über zwei Fäden gestickt wird, ergeben sich 6 Kreuze je Zentimeter. Um die Höhe und Breite eines Stickmusters festzustellen, müssen Sie also alle gezeichneten Kästchen in der Höhe und Breite auf einer Linie auszählen. Falls Sie Leinen mit 12 Fäden verwenden, teilen Sie die Summe jeweils durch sechs, dann erhalten Sie die zu stickende Höhe und Breite.

Geben Sie bei der Größe genügend Stoff zu. Nichts ist ärgerlicher, als einige Zentimeter an Stoff zu sparen und dann mit dem Passepartout nicht hinzukommen. Und sticken Sie immer von der Mitte aus! Falten Sie Ihren Stoff zweimal, knicken Sie die Mitte ein wenig an und beginnen Sie dort mit der Farbe zu sticken, die in der Mitte der Musterzeichnung (Pfeile!) angegeben ist. Dann kann nichts schief gehen.

Falls Sie eine andere Stoffart verwenden wollen, stellen Sie die Anzahl der Fäden je Zentimeter fest und rechnen sich so die Größe aus:

Beispiel: Anzahl der gezeichneten Kästchen in Höhe und Breite: 118 x 92

Stoff mit 10 Fäden/cm	12 Fäden/cm	14 Fäden/cm
:5	:6	:7
23,6 x 18,4 cm	19,7 x 15,3 cm	16,9 x 13,1 cm

Daraus folgt, je weniger Fäden pro Zentimeter, um so größer das Motiv und umgekehrt.

Es empfiehlt sich nicht, Stoff mit mehr als 14 Fäden/cm zu verwenden, der Kreuzstich wirkt dann zu dick. Das gleiche gilt für Stoff mit weniger als 9 Fäden/cm, hier wirkt der Stoff zu durchscheinend. Allerdings kann man bei gröberen Stoffen mit zwei Fäden sticken.

Aufbereitung und Wäsche

Nach Beendigung der Stickerei sprühen Sie diese, wenn sie Falten oder Knicke hat, rückseitig mit einer guten Reissprühstärke (ohne chemische Beimittel) ein und bügeln sie auf einer weichen Unterlage von der Rückseite trocken. Die Bildseite sollten Sie nur auf den freien Stoffflächen bügeln.

Wenn Sie die Stickerei waschen möchten, was besonders bei Gebrauchsartikeln möglich sein sollte, müssen Sie sie beim ersten Mal bei 60 °C unter eventueller Verwendung von Waschmitteln ohne optische Aufheller waschen. Dann sind die Farben fixiert. Danach ist von Kaltwäsche bis Kochen – sofern es das Trägermaterial zulässt – jede Waschtemperatur möglich.

Bei Rahmungen verwenden Sie niemals Mattglas. Die Stickerei würde verwaschen wirken. Gerahmte Stickerei sollten Sie in jedem Fall mit Glas schützen, damit unsere »angereicherte« Luft Ihre wertvolle Arbeit nicht zu früh ergrauen lässt. Und setzen Sie sie nie direktem Sonnenlicht aus, sofern die Stickerei nicht vorher fixiert wurde, bleicht sie aus.

Stickanleitung

Waagerechte Reihe: Die Hinreihe bildet die Unterstiche, die Rückreihe die Deckstiche.

Senkrechte Reihe: Die Aufwärtsreihe bildet die Unterstiche, die Abwärtsreihe die Deckstiche.

Beim *dreiviertel* Kreuz (links) wird der erste Stich nur bis zur Kreuzmitte geführt. Ein halbes Kreuz läuft bei vertikaler Ausführung (Mitte) über zwei Fäden in der Höhe und einen Faden in der Breite, bei horizontaler Ausführung (rechts) über zwei Fäden in der Breite und einen Faden in der Höhe.

Beim *versetzten* Kreuzstich befinden sich die Spitzen jeweils unter- oder oberhalb, rechts oder links des vorangegangenen Stichs.

Der *Steppstich* verläuft über zwei Gewebefäden und wird ebenfalls in Hin- und Rückreihen ausgeführt.

Vernähen: Das zu vernähende Ende unter drei gestickten Querfäden hindurch ziehen, über einen Querfaden zurückgehen und wieder unter zwei Fäden durch.

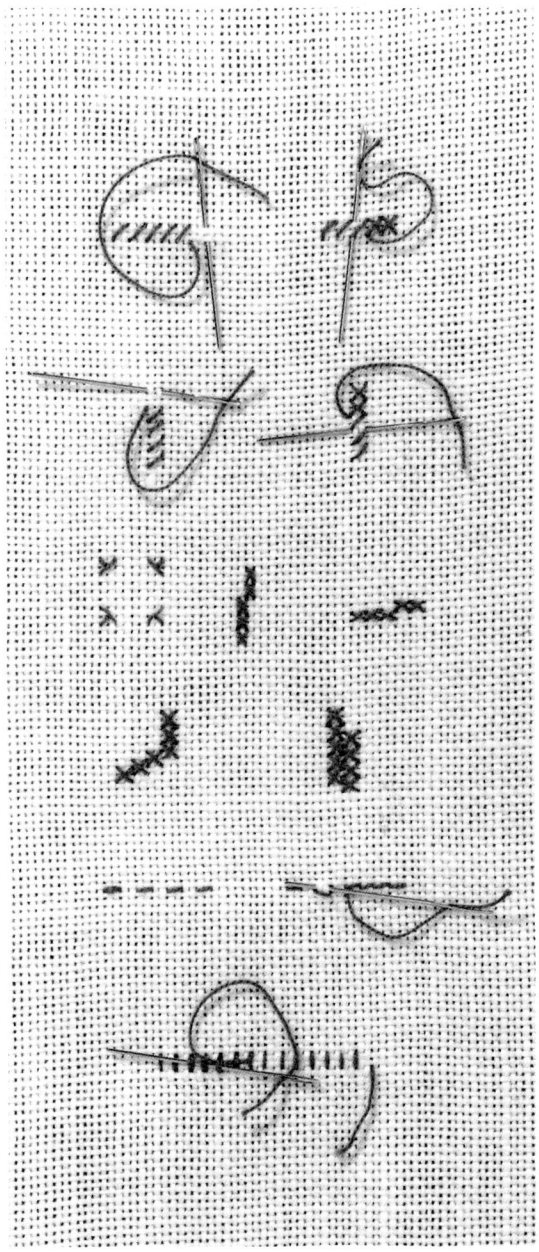

Königskerze

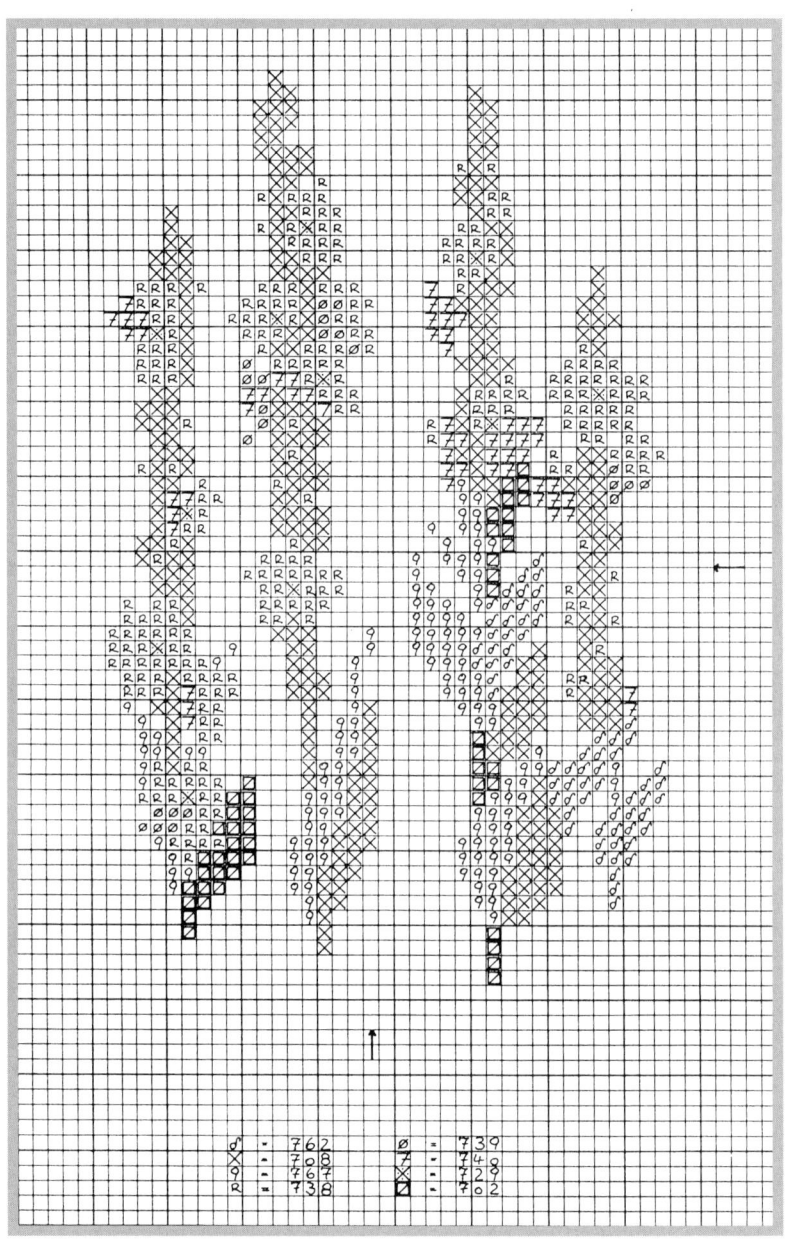

Iris

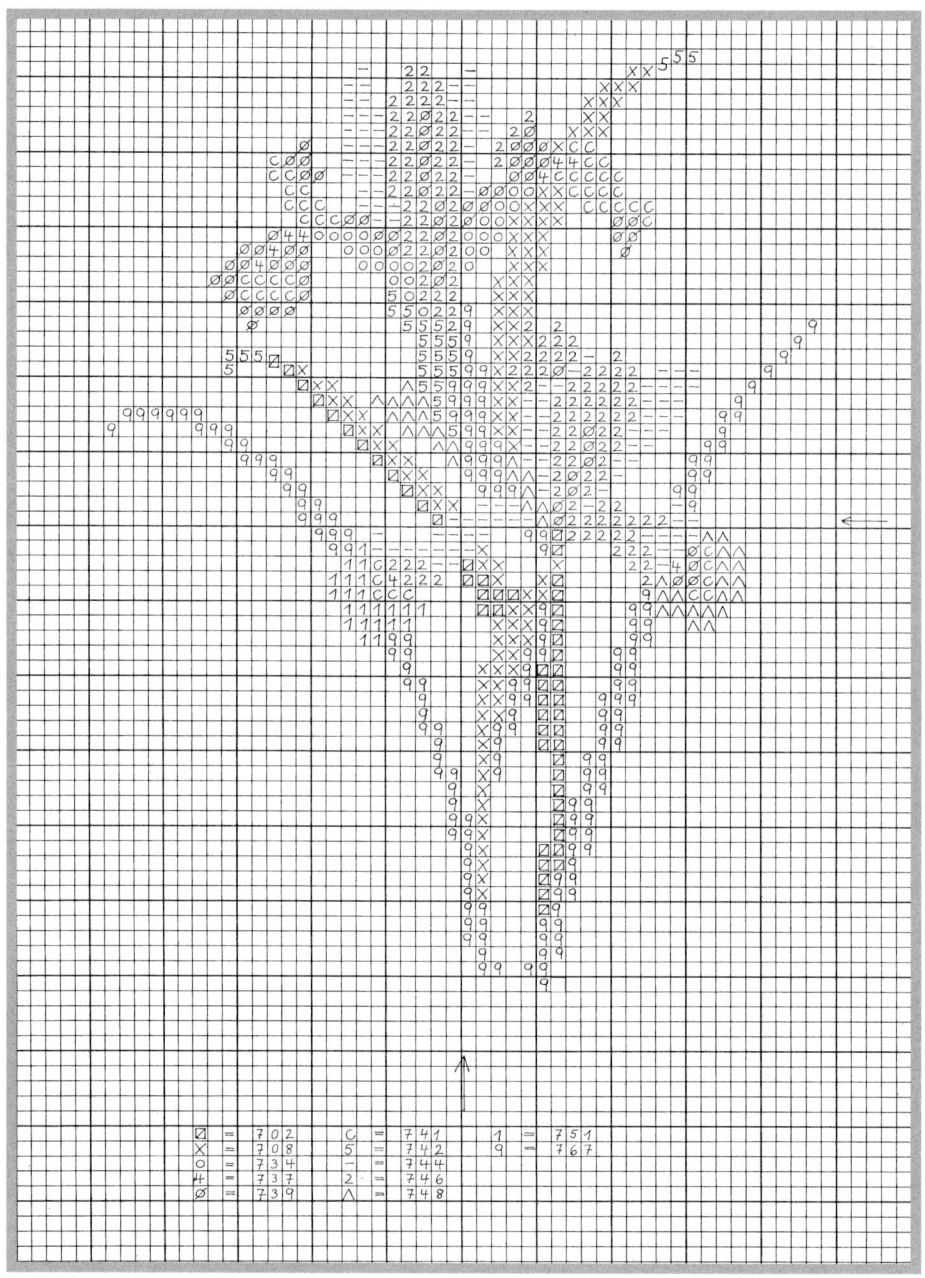

Maßliebchen

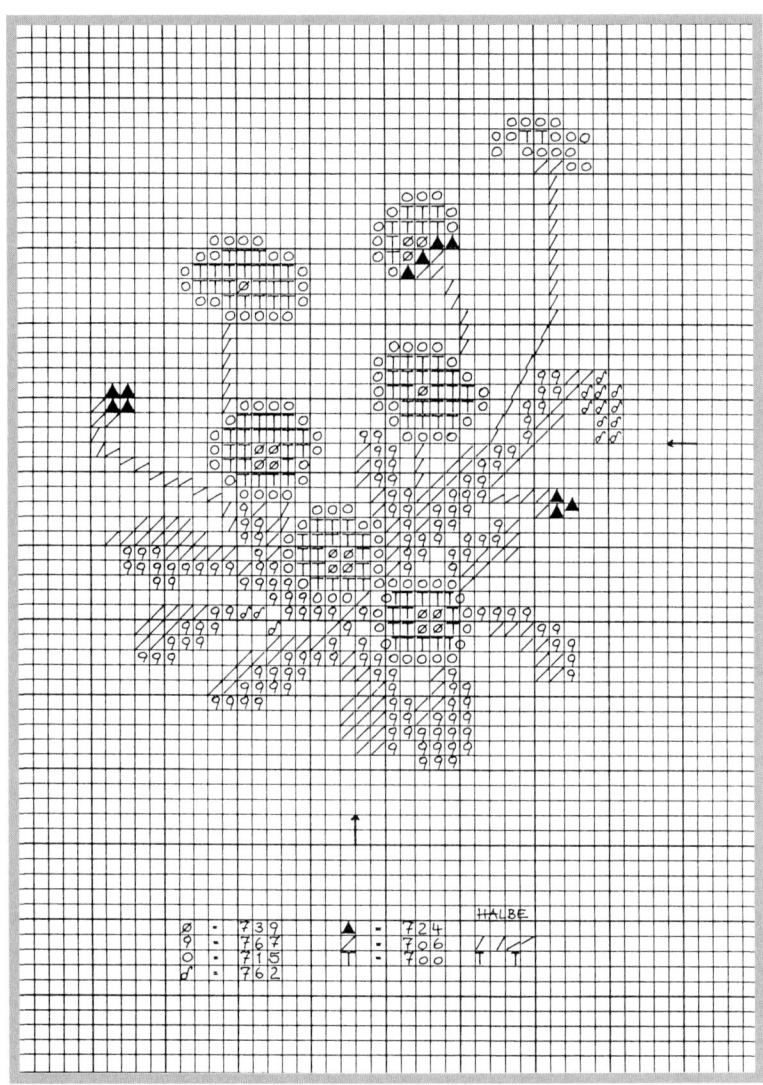

Veilchen

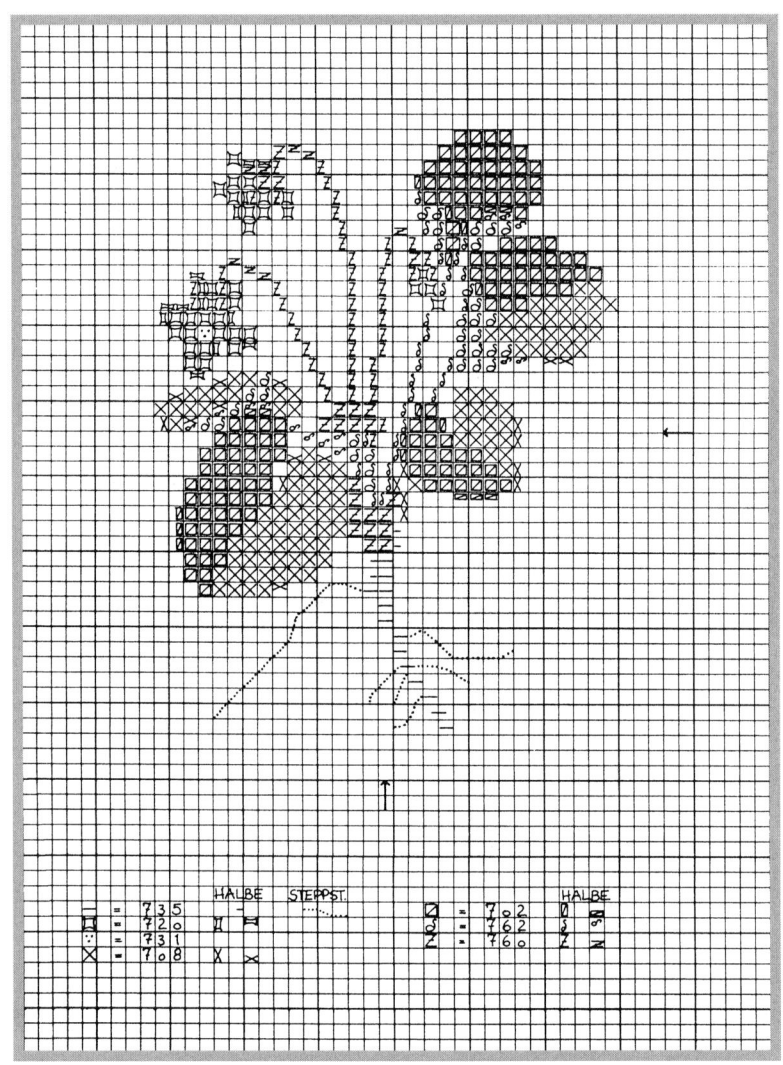

Veilchenstrauß

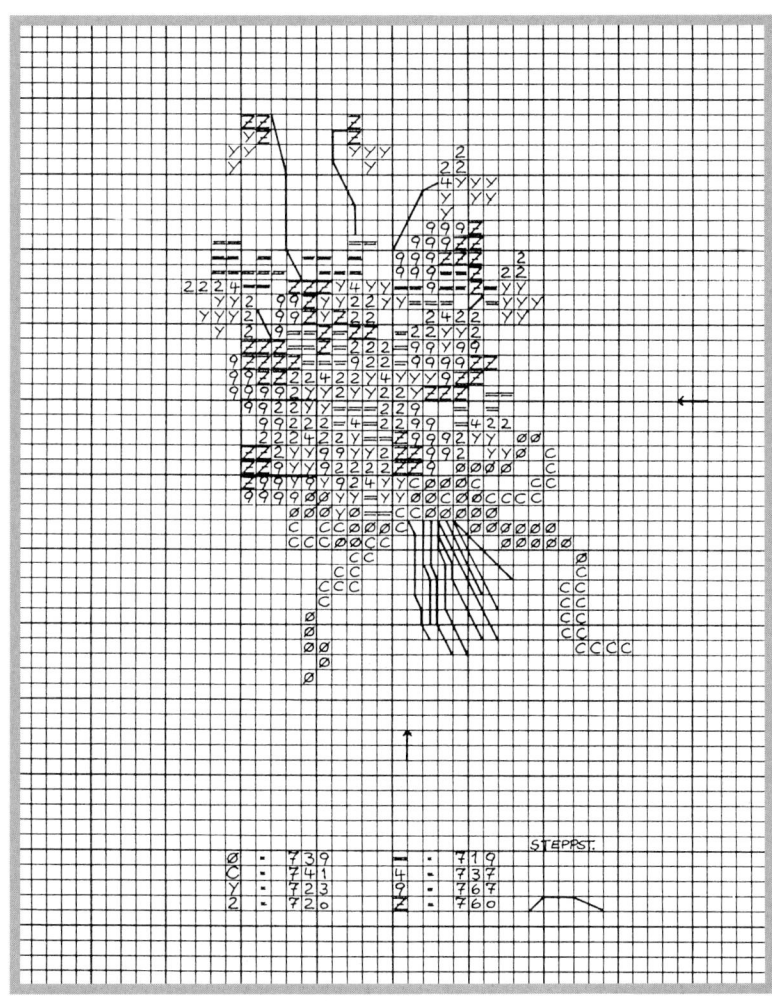

Christrose und Mimose

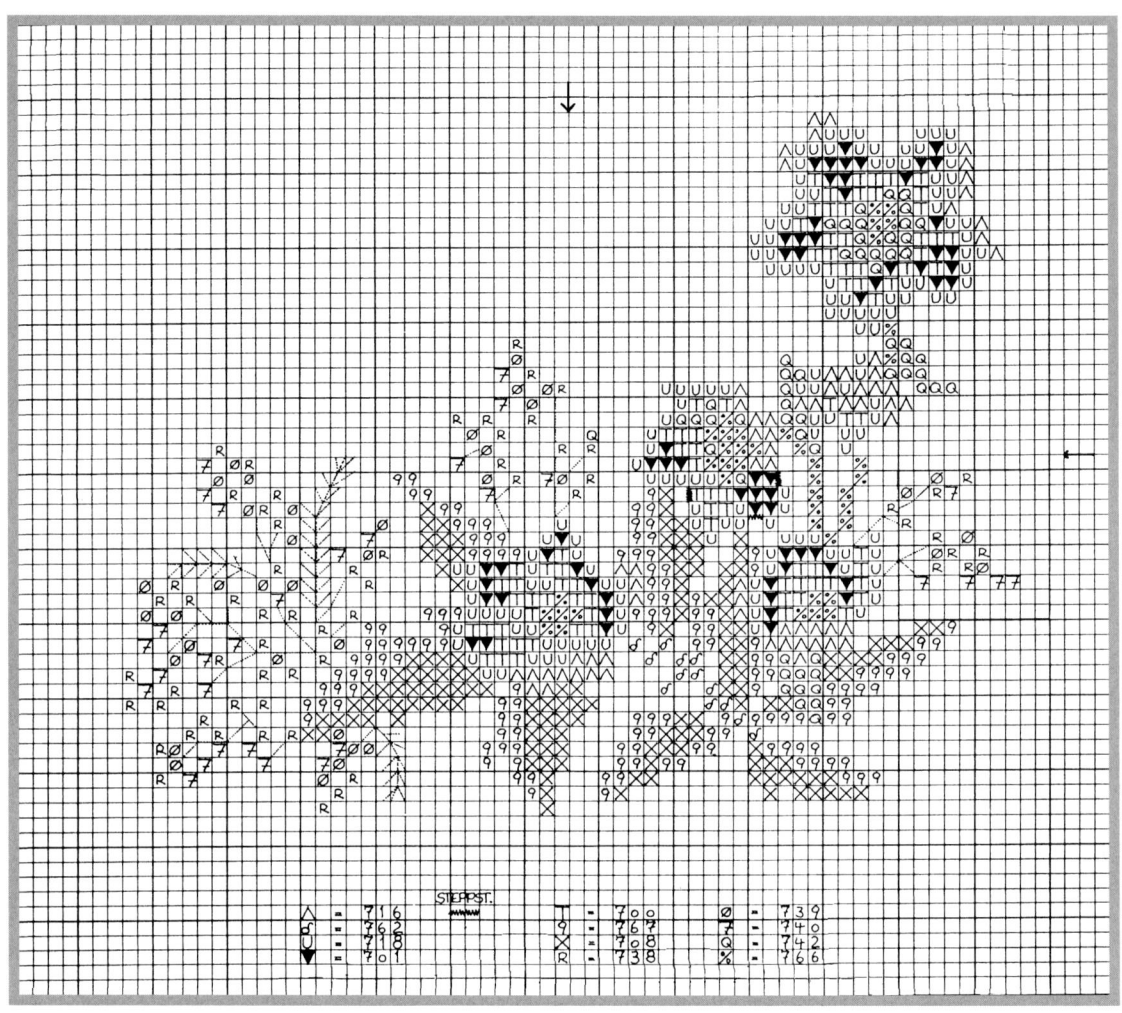

Vergissmeinnicht

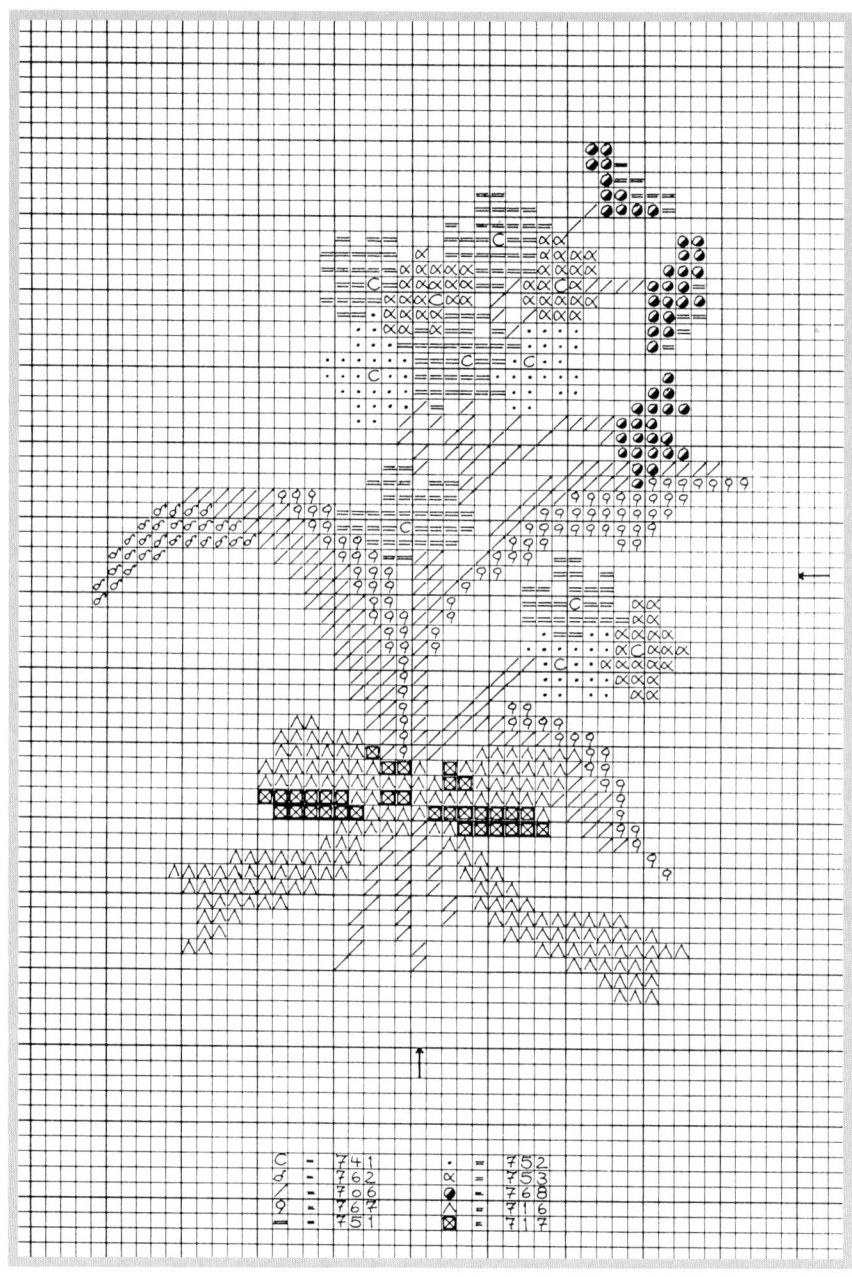

Tulpe

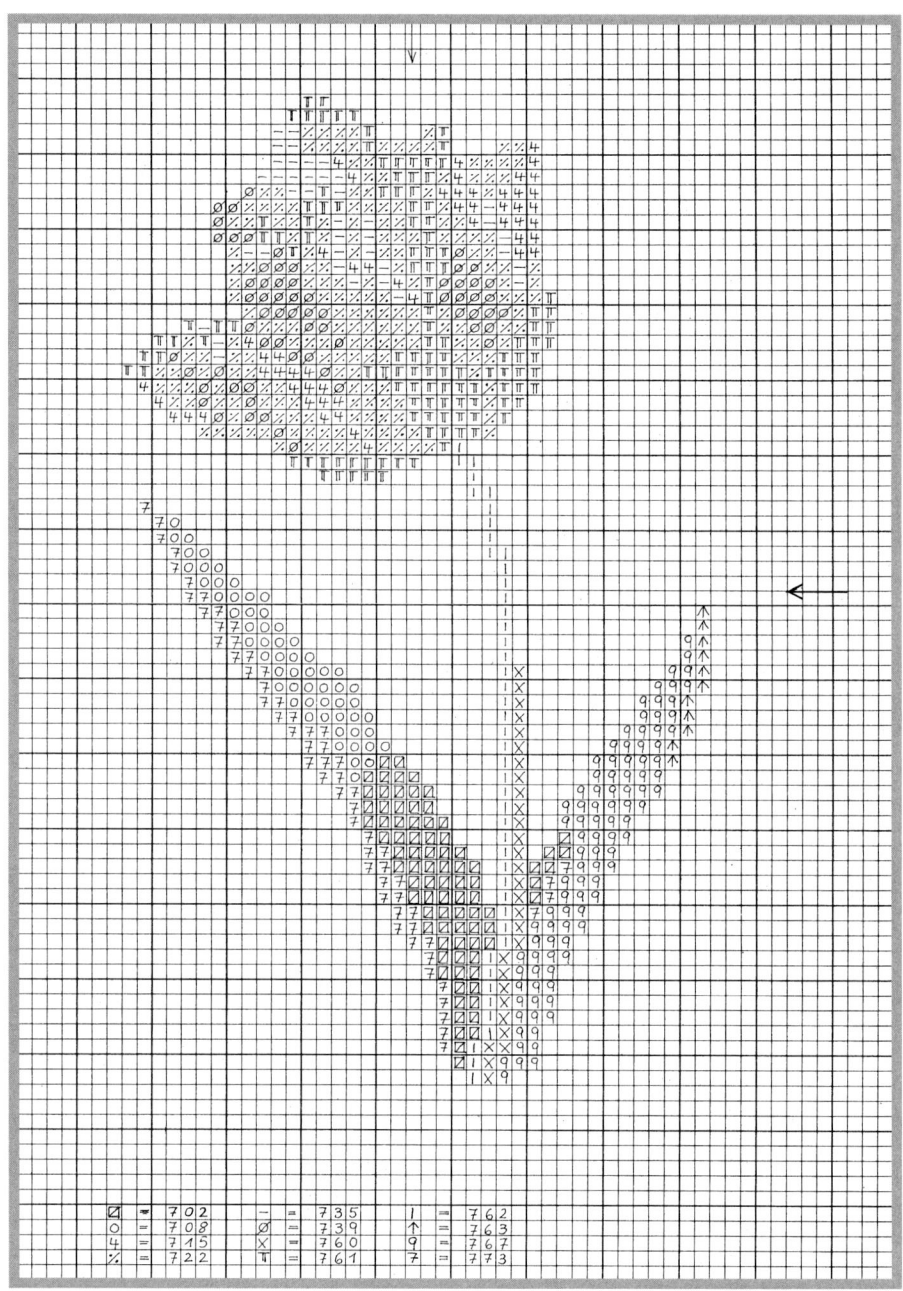

Tulpenbukett

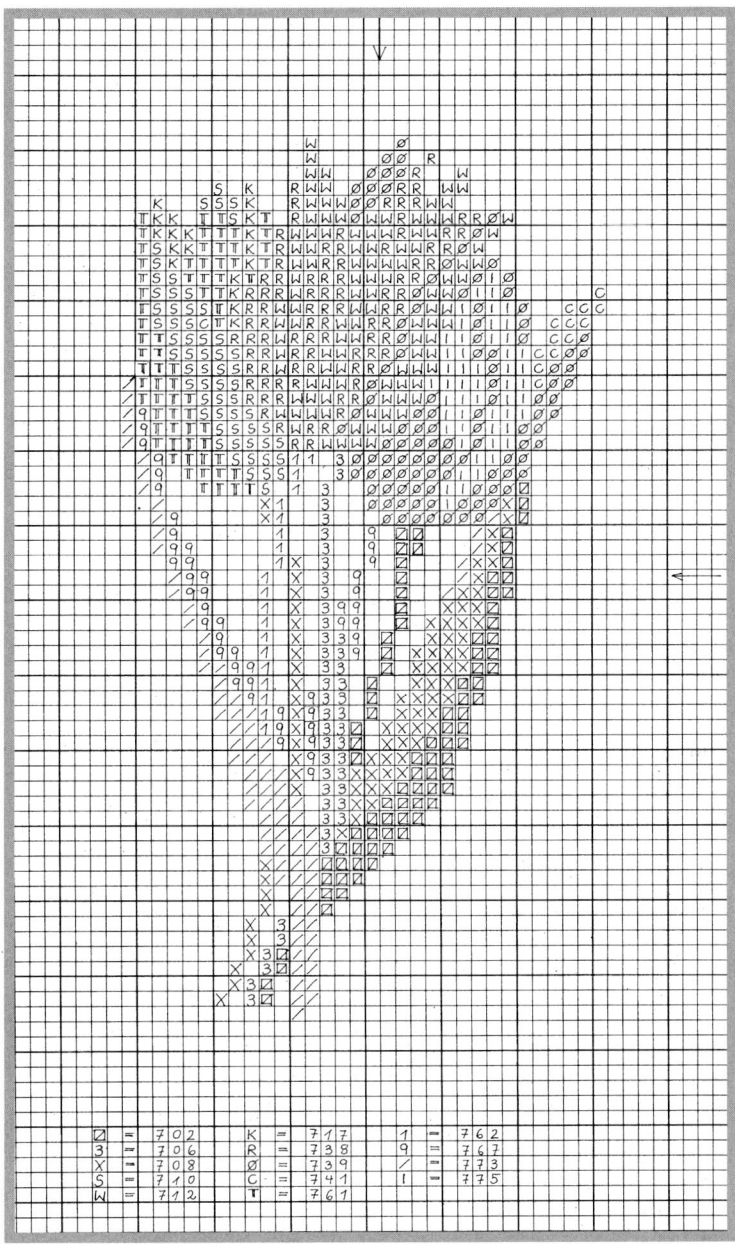

Phlox

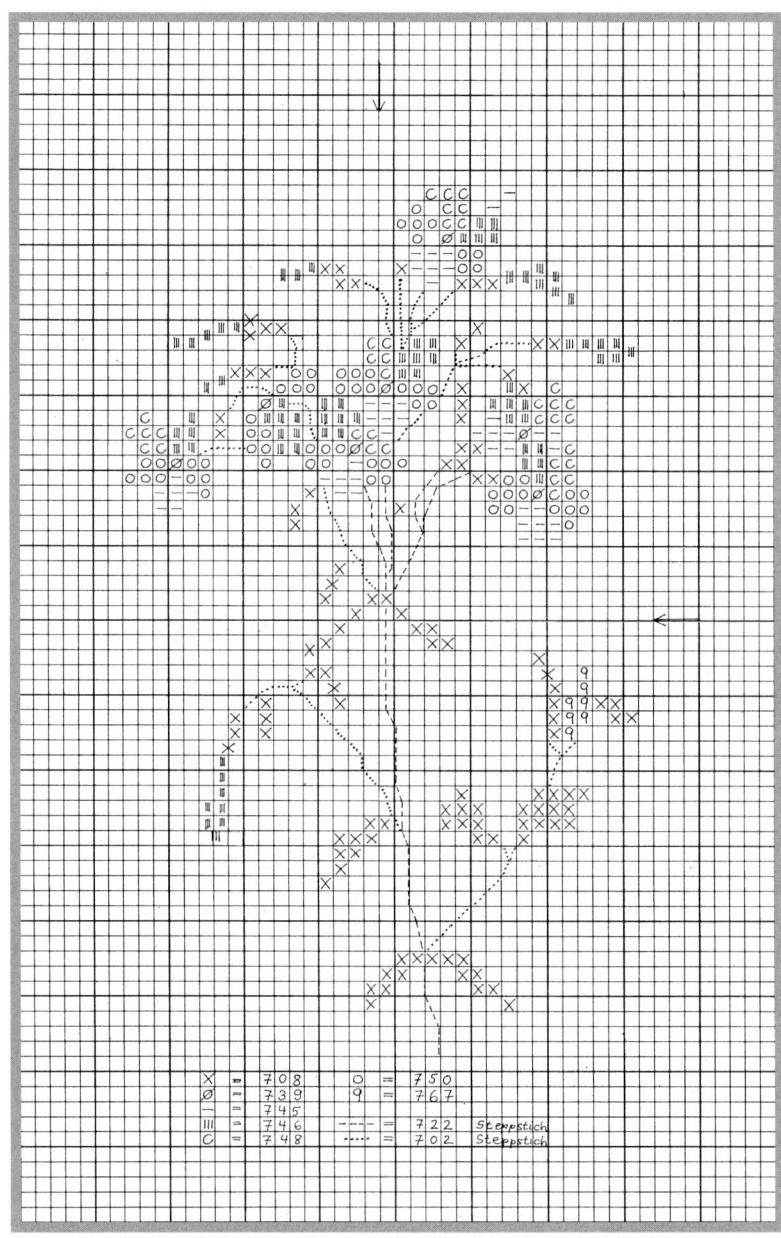

Kapuzinerkresse

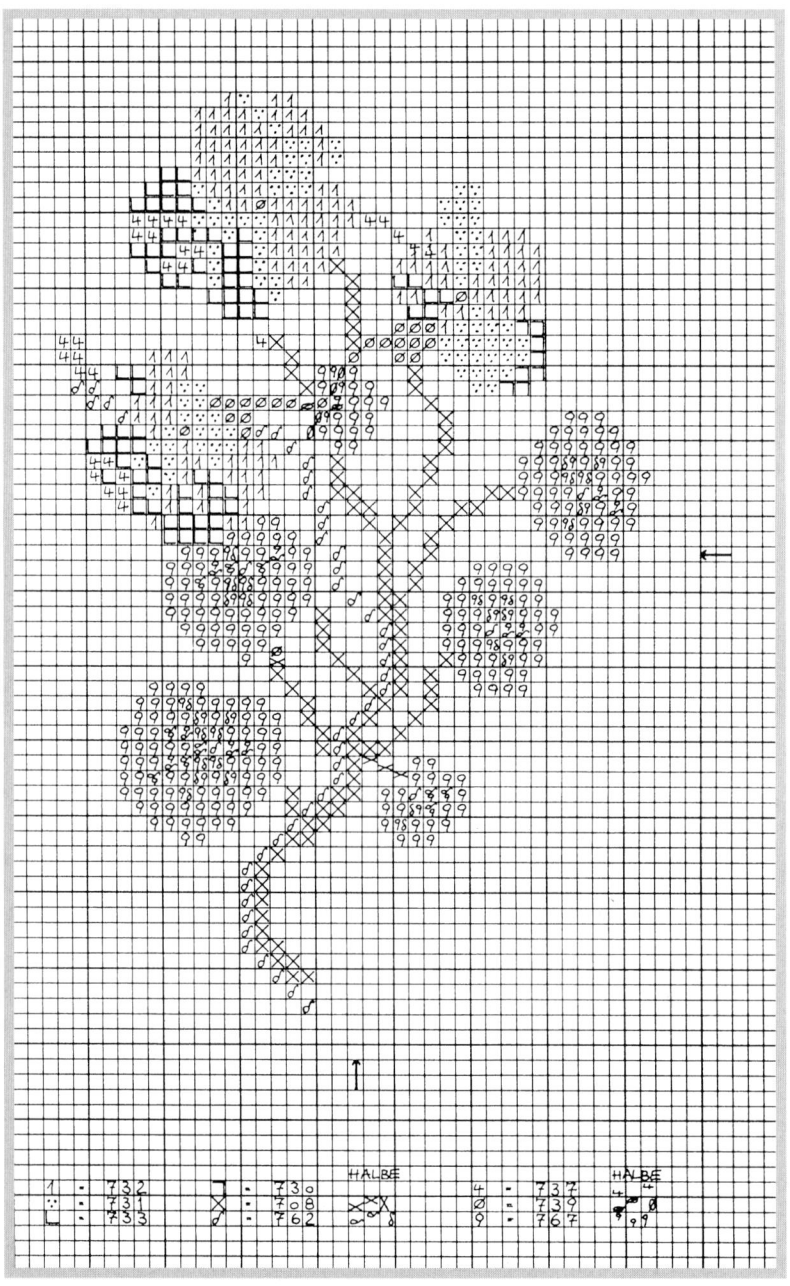

Ackerwinde

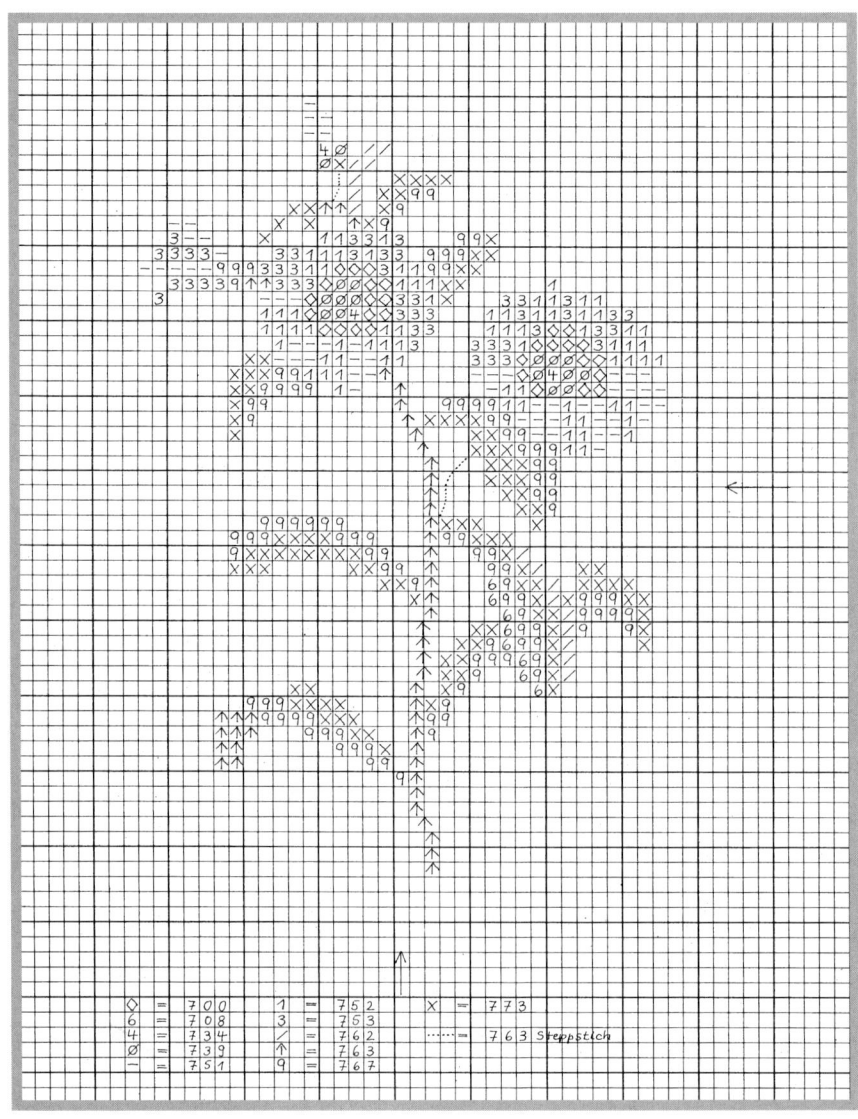

Winde

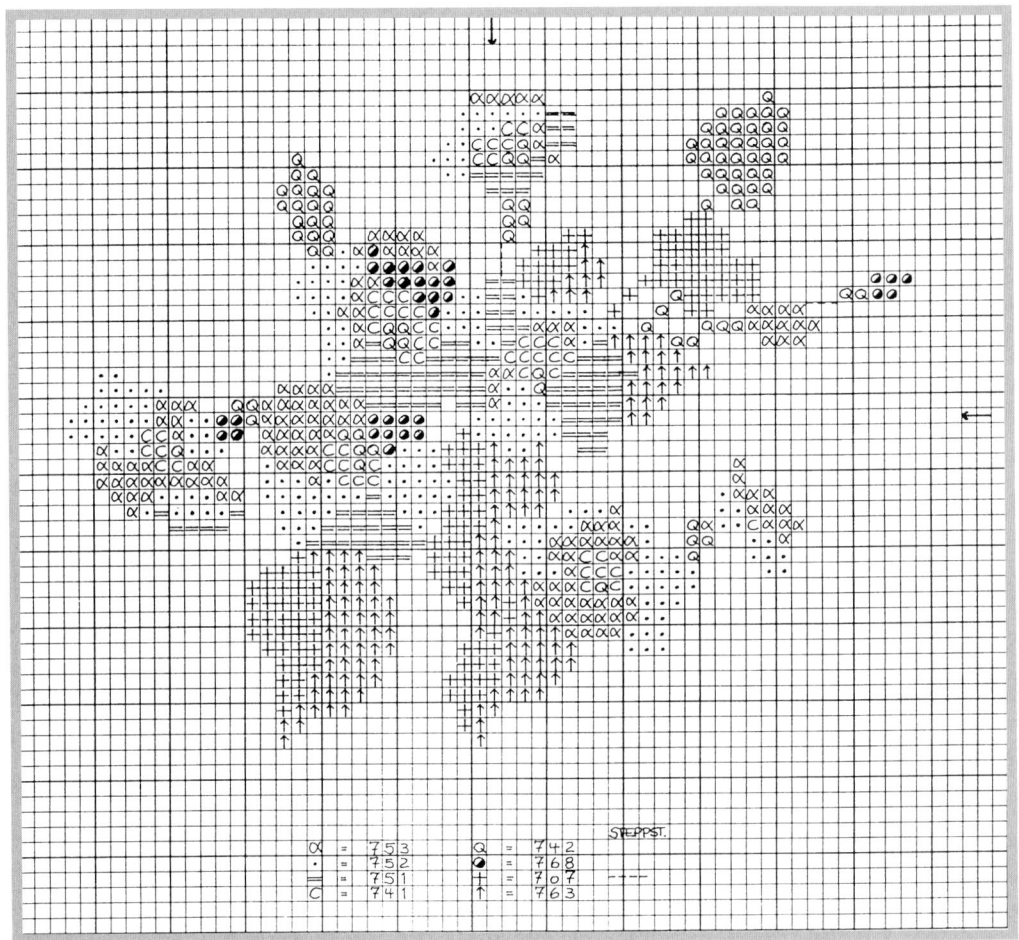

Krokuswiese

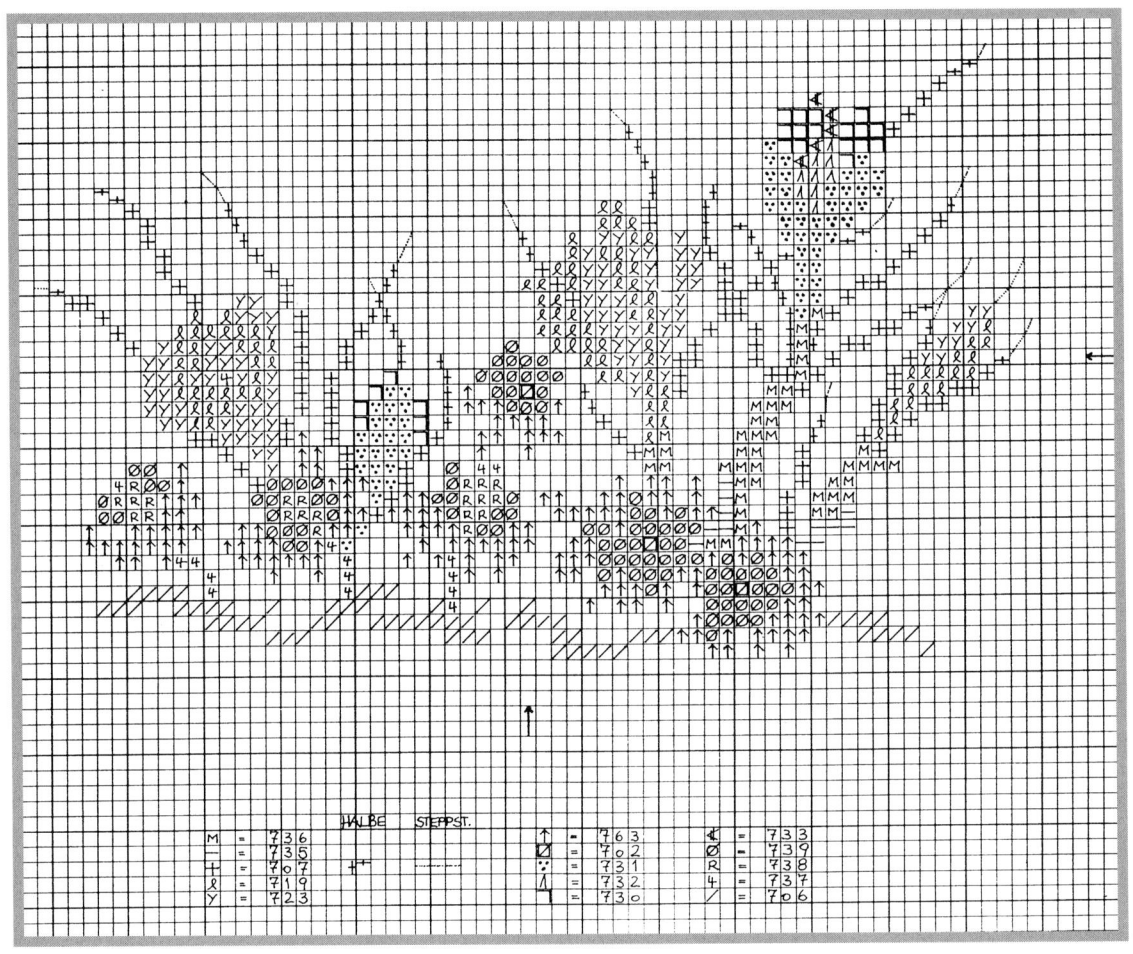

Rhododendron

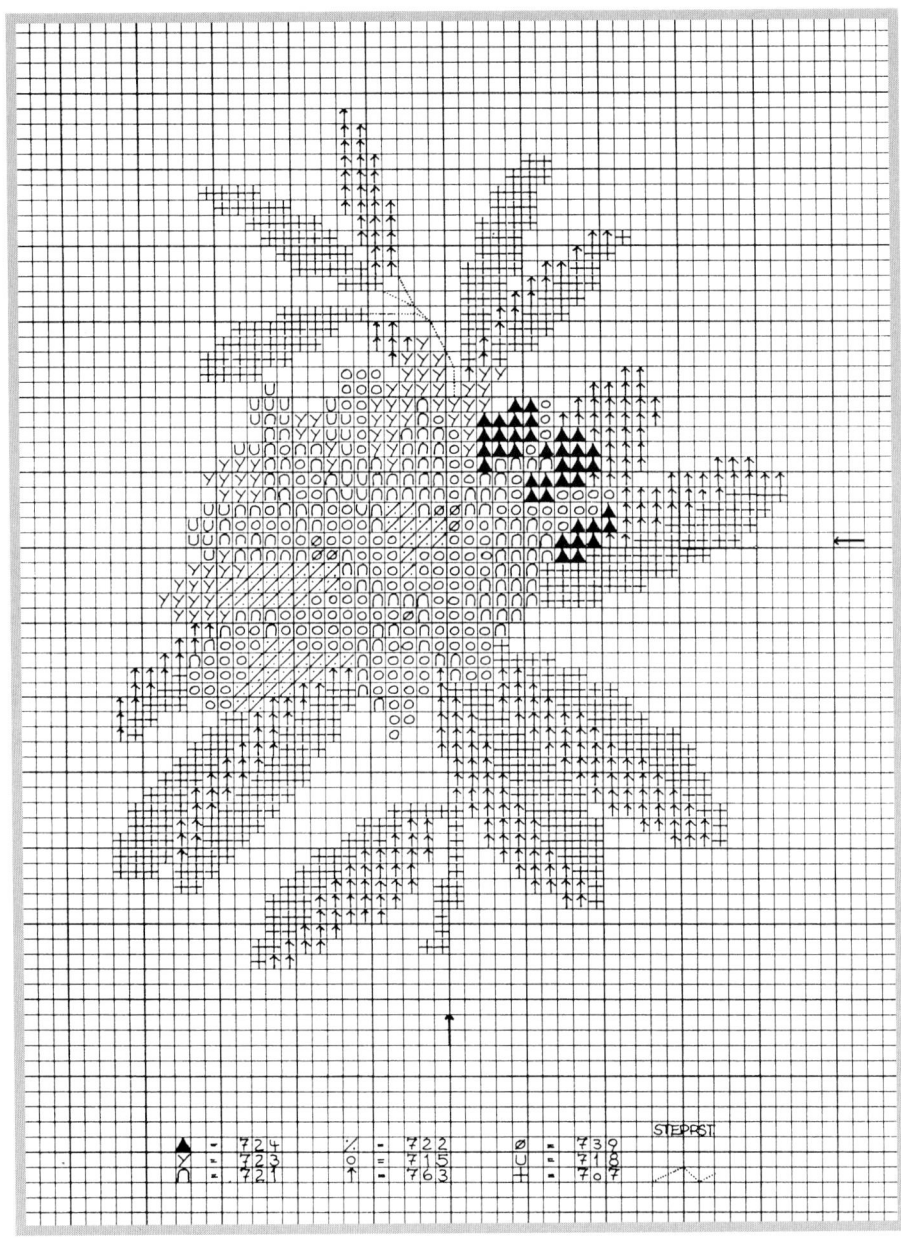

Stiefmütterchenstrauß

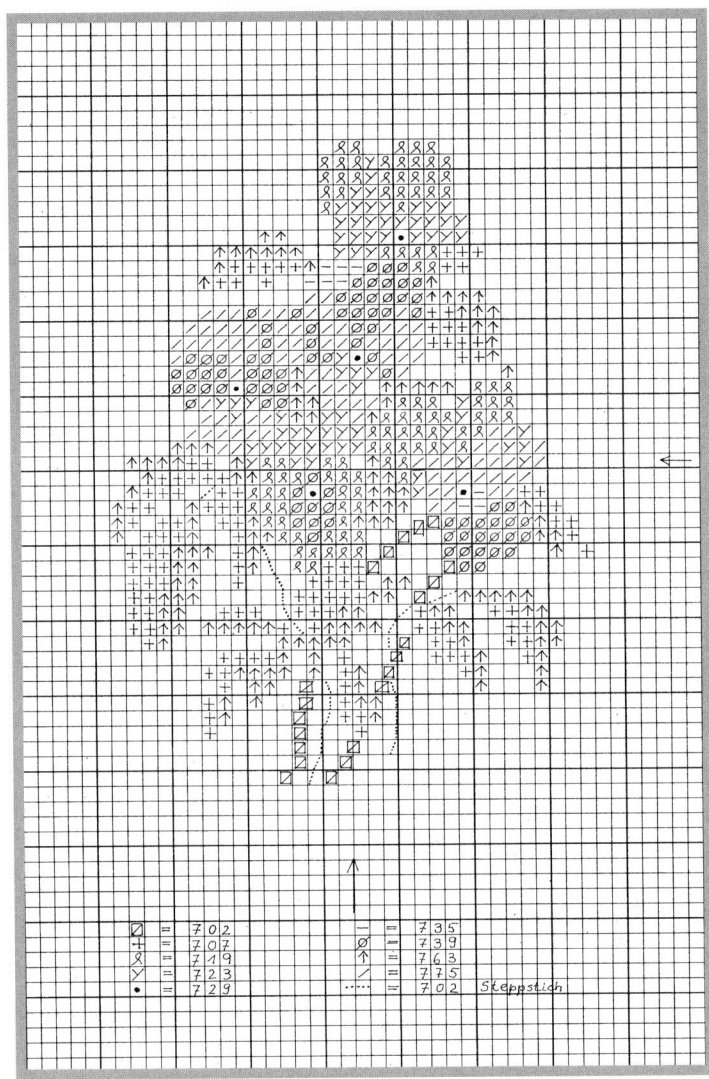

Stiefmütterchen

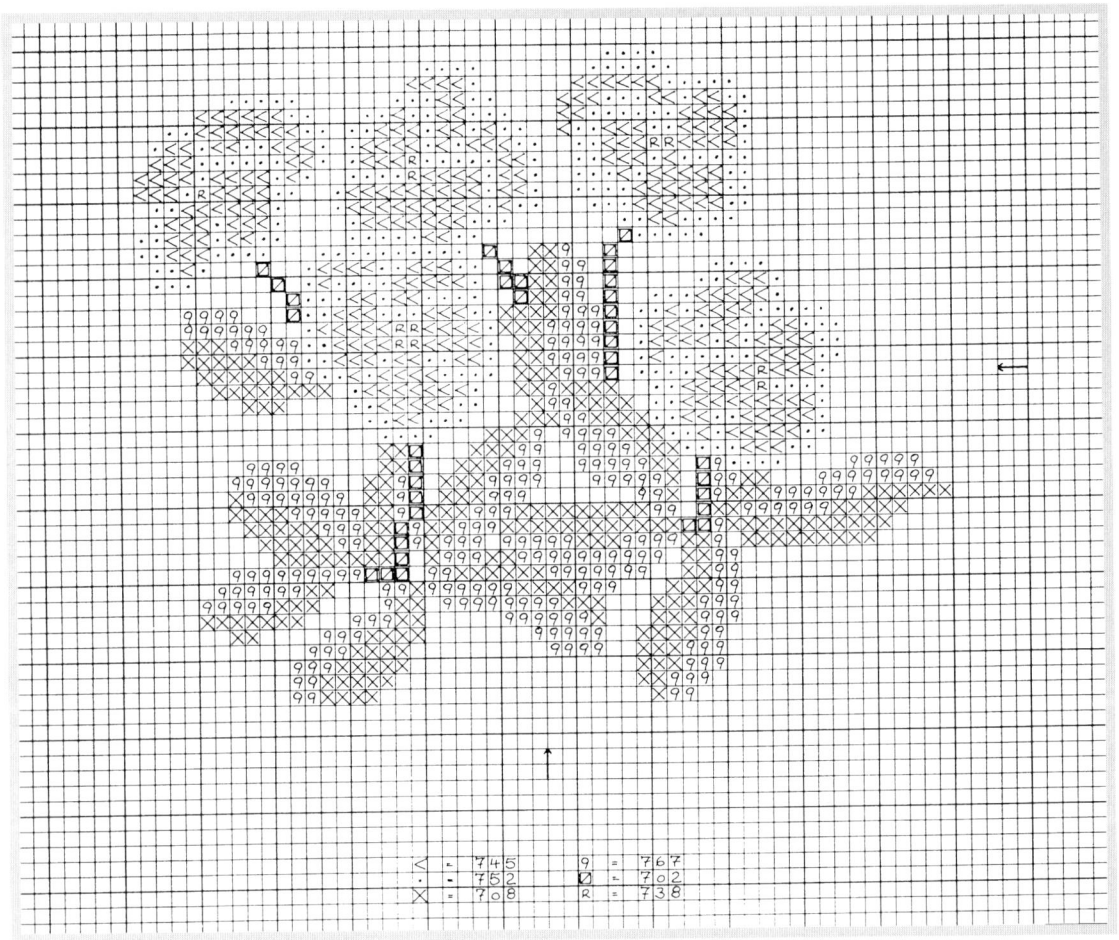

Wildes Stiefmütterchen

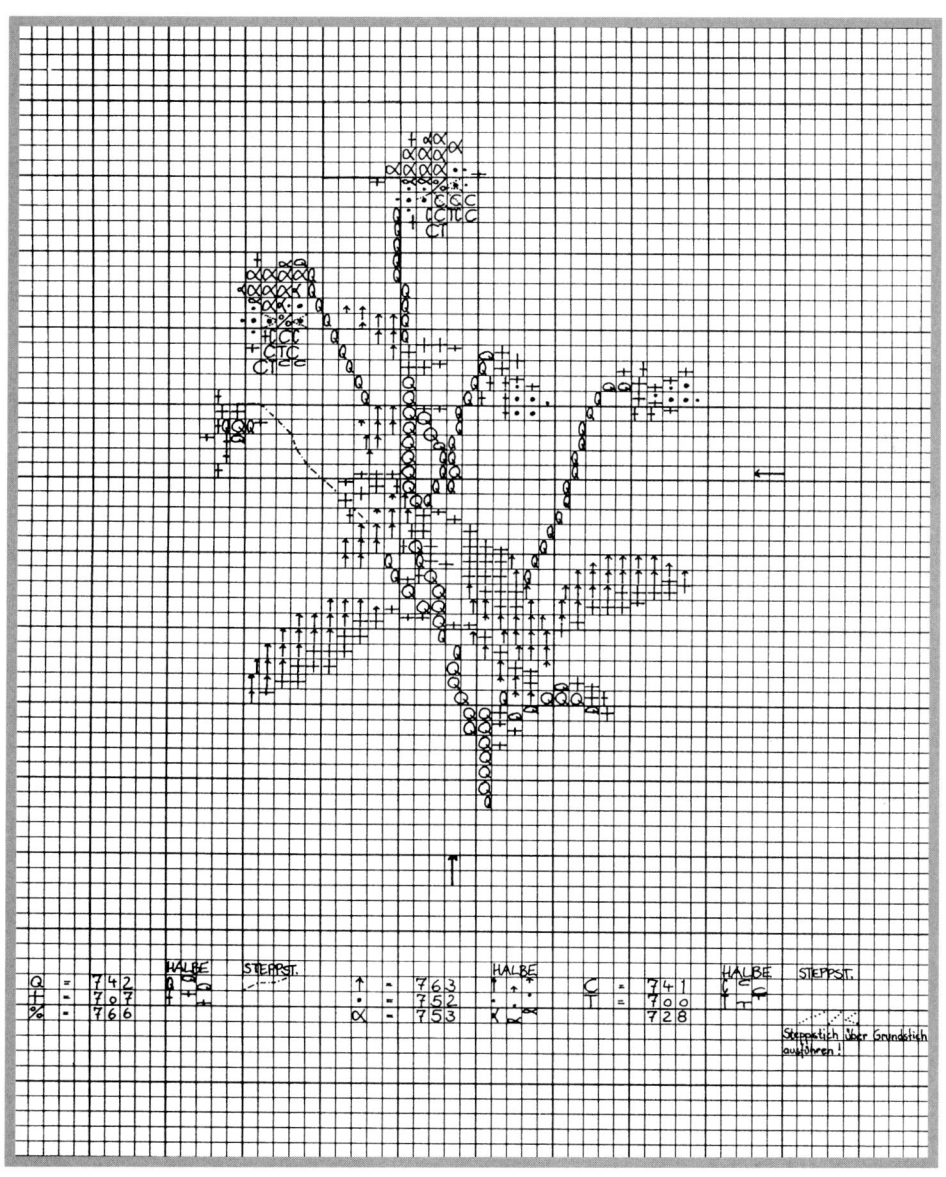

Apfelblüte

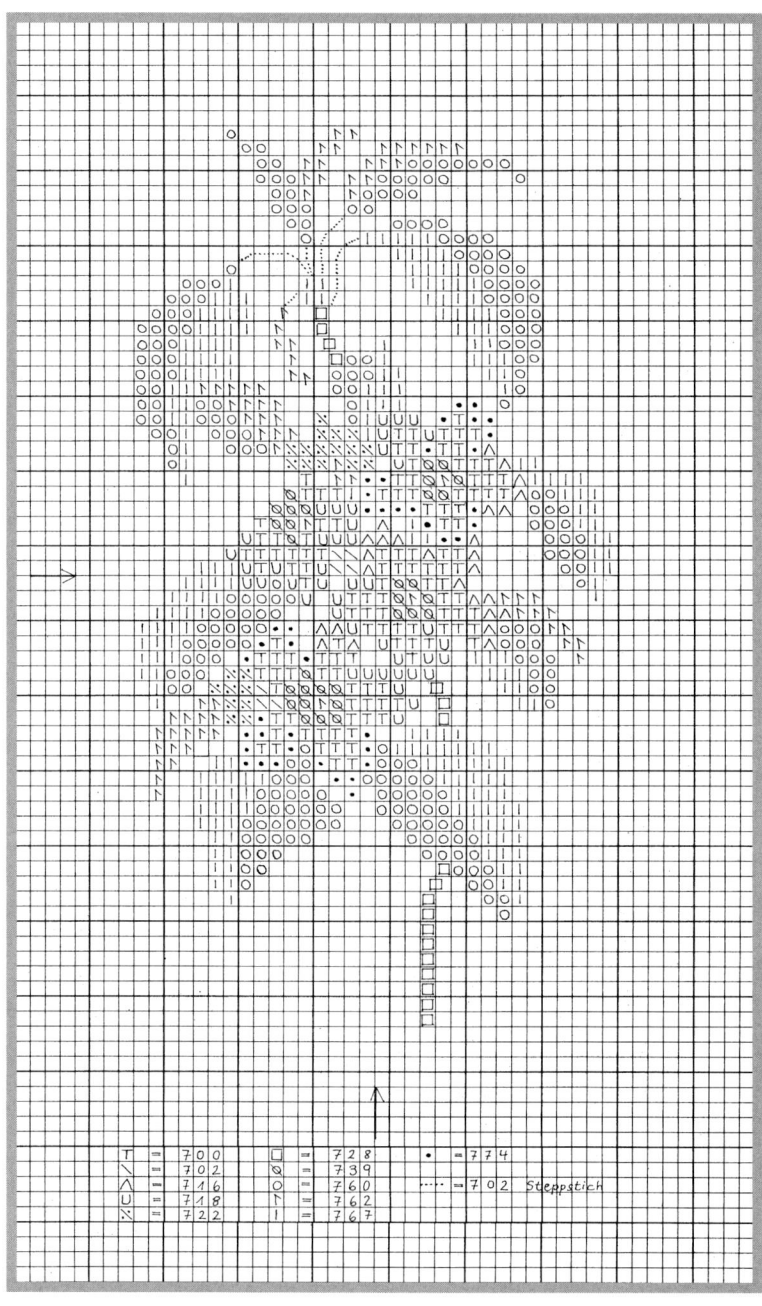

Rosenranke

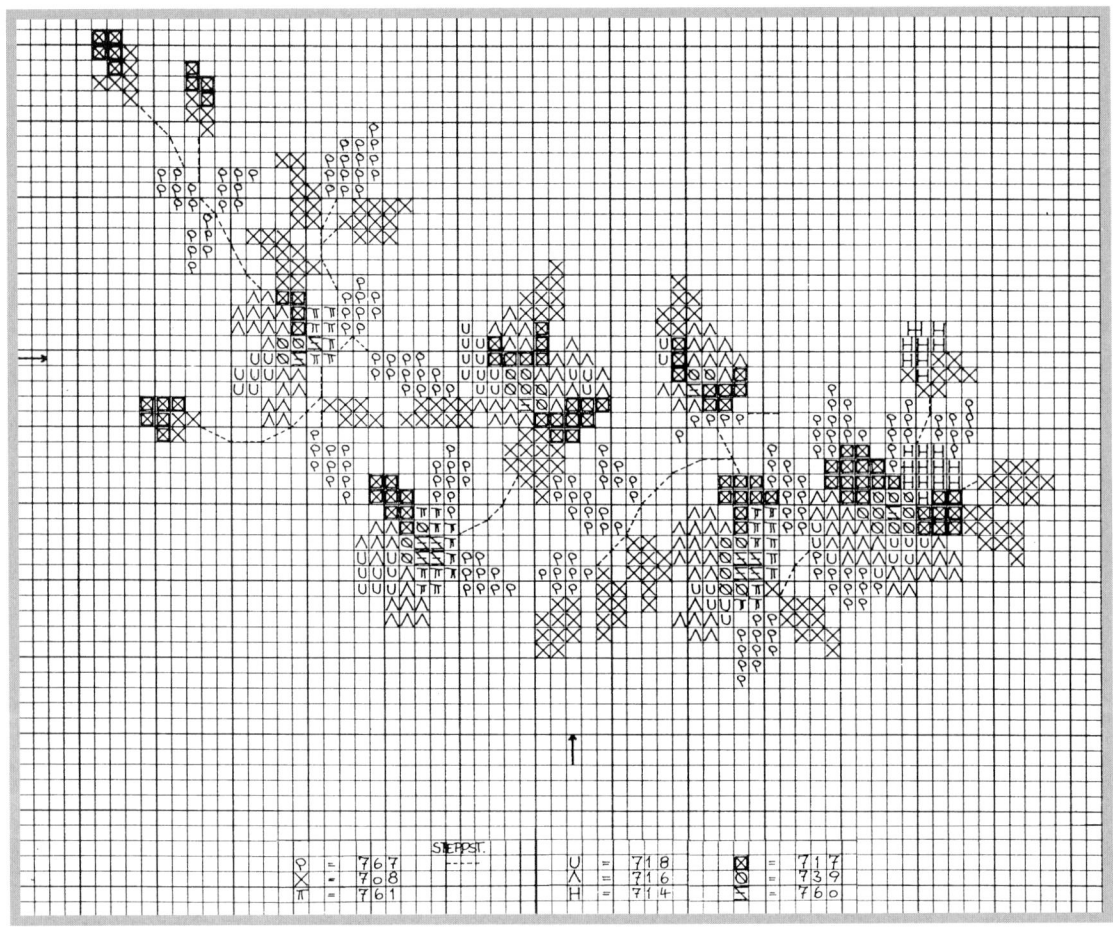

Farbenliste der HD-Garne von Uhlenhof-Stickereien

700 Natur	729 Rotbraun	758 Grüngrau
701 Weiß	730 Braunorange	759 Schwarz
702 Dunkelgrün	731 Dunkelorange	760 Graugrün, mittel
703 Hellgrün	732 Orange, mittel	761 Weinrot
704 Leuchtend grün	733 Mandarine	762 Graugrün, zart
705 Blaugrün	734 Grünbeige	763 Dunkeloliv
706 Graugrün, hell	735 Beige	764 Mittelgrau, dunkel
707 Helloliv	736 Hellbeige	765 Hellgrau
708 Mittelgrün	737 Hellorange	766 Lachs
709 Maigrün	738 Goldgelb	767 Waldgrün
710 Weihnachtsrot	739 Mattgelb	768 Himmelblau, hell
711 Weihnachtsrot, hell	740 Hellgelb	769 Hautton
712 Orangerot, dunkel	741 Blassgelb	770 Hellrosa
713 Orangerot, hell	742 Gelbgrün	771 Blaulila, hell
714 Orangerot, mittel	743 Helltürkis	772 Blaulila, dunkel
715 Lilarot, hell	744 Dunkelblau	773 Lindgrün
716 Lilarot, mittel	745 Königsblau	774 Blassrosa
717 Lilarot, dunkel	746 Türkisblau	775 Cremegelb
718 Rosa	747 Königsblau, hell	776 Leuchtend rot
719 Flieder, dunkel	748 Türkisblau, hell	777 Blaulila, mittel
720 Lila	749 Dunkeltürkis	778 Flieder, mittel
721 Rotlila	750 Graublau, hell	779 Leuchtend königsblau
722 Rotlila, dunkel	751 Mattblau, dunkel	780 Graphit
723 Flieder, hell	752 Mattblau, mittel	781 Türkisgrün
724 Pink	753 Mattblau, hell	782 Graugrün, dunkel
725 Schwarzbraun	754 Graubeige	783 Blaugrün, dunkel
726 Dunkelbraun	755 Graubeige, hell	
727 Mittelbraun	756 Blaugrau	
728 Hellbraun	757 Mittelgrau	

Bezugsquellennachweis

Der Hersteller sendet Ihnen auf Anfrage einen Bezugsquellennachweis zu oder leitet Ihre Bestellung an das nächstgelegene Fachgeschäft weiter. Alle Materialien stammen von Uhlenhof-Stickereien.

Muster	Stoffe und Zubehör
Ackerwinde	Leinen, creme, 12 Fäden/cm Rahmen: 15 x 20 cm, Leiste 2, dunkelgrün Schrägschnitt-Passepartout, Farbe F
Apfelblüte	Leinen, creme, 12 Fäden/cm Rahmen: 15 x 20 cm, Leiste 2, dunkelgrün Schrägschnitt-Passepartout, Farbe F
Blaues Stiefmütterchen	Leinen, weiß, 12 Fäden/cm Rahmen: 15 x 20 cm, Leiste 5, braun Schrägschnitt-Passepartout, Farbe F
Christrose und Mimose	Leinen, weiß, 12 Fäden/cm Rahmen: 18 x 24 cm, Leiste 20, dunkelgrün Schrägschnitt-Passepartout, Farbe O
Iris	Leinen, creme, 12 Fäden/cm Rahmen: 15 x 20 cm, Leiste 5, schwarz Schrägschnitt-Passepartout, Farbe B
Krokuswiese	Leinen, weiß, 12 Fäden/cm Rahmen: 15 x 20 cm, Leiste 20, schilfgrün Schrägschnitt-Passepartout, Farbe C
Kapuzinerkresse	Leinen, weiß, 12 Fäden/cm Rahmen: 15 x 20 cm, Leiste 3, Palisander Schrägschnitt-Passepartout, Farbe H

Königskerze	Leinen, weiß, 12 Fäden/cm Rahmen: 15 x 20 cm, Leiste 3, Vogelaugenahorn Schrägschnitt-Passepartout, Farbe CC
Maßliebchen	Leinen, weiß, 12 Fäden/cm Rahmen: 15 x 15 cm, Leiste 2, tannengrün Schrägschnitt-Doppelpassepartout, Farben F/E
Phlox	Leinen, creme, 12 Fäden/cm Rahmen: 15 x 20 cm, Leiste 10, rot-gold Schrägschnitt-Passepartout, Farbe A
Rhododendron	Leinen, weiß, 12 Fäden/cm Rahmen: 15 x 20 cm, Leiste 10, grün-gold Schrägschnitt-Passepartout, Farbe I
	Set, ca. 35 x 45 cm, Schülertuch, creme, 10 Fäden/cm Schrägband 40/20 mm, grün
	Serviette, ca. 42 x 42 cm, Leinen, weiß, 12 Fäden/cm Schrägband 40/20 mm, grün
Rosenranke	Leinen, weiß, 12 Fäden/cm Rahmen: 18 x 24 cm, Leiste 30, grün Schrägschnitt-Passepartout, Farbe BB
Stiefmütterchenstrauß	Leinen, creme, 12 Fäden/cm Rahmen: 17 x 19 cm, Leiste 20, schilfgrün Schrägschnitt-Doppelpassepartout, Farben TT/LL
Tulpenbukett	Leinen, creme, 12 Fäden/cm Rahmen: 15 x 20 cm, Leiste 3, Vogelaugenahorn Schrägschnitt-Passepartout, Farbe F
	Set ca. 35 x 45 cm, Leinen, creme, 12 Fäden/cm Schrägband 40/20 mm, grün

Tulpe	Leinen, creme, 12 Fäden/cm Rahmen: 15 x 20 cm, Leiste 3, Palisander Schrägschnitt-Passepartout, Farbe H
Veilchen	Leinen, weiß, 12 Fäden/cm Rahmen: 15 x 20 cm, Leiste 3, Vogelaugenahorn Schrägschnitt-Passepartout, Farbe G
Vergissmeinnicht	Leinen, weiß, 12 Fäden/cm Rahmen: 15 x 20 cm, Leiste 10, blau-silber Schrägschnitt-Passepartout, Farbe B
Veilchenstrauß	Leinen, weiß, 12 Fäden/cm Rahmen: 17 x 19 cm, Leiste 2, brombeer Schrägschnitt-Passepartout, Farbe G
Wildes Stiefmütterchen	Leinen, weiß, 12 Fäden/cm Rahmen: 15 x 20 cm, Leiste 3, Vogelaugenahorn Schrägschnitt-Passepartout, Farbe G
Winde	Leinen, weiß, 12 Fäden/cm Rahmen: 15 x 20 cm, Leiste 5, schwarz Schrägschnitt-Passepartout, Farbe U
	Tischdecke, Schülertuch, weiß, 10 Fäden/cm, ca. 70 x 70 cm, Schrägband 40/20 mm, blau

Hersteller der Materialien

Uhlenhof-Stickereien GmbH & Co. KG
19217 Thandorf/Mecklenburg-Vorpommern

Vertretung in Frankreich:
La Trouvaille
Mme. H. Lehmann
L. Mejanes Quartier de la Crau
F-13533 St. Remy de Provence
Tel. 490925058
Fax 490923061

Vertretung in Japan:
Beate's Cross Stitch House
Beate Iwata
1-2-19 Kokubinjidai
243-04 Ebina-Shi
Tel. u. Fax 0462-34-5232

Uhlenhof-Stickmuster
Uhlenhof-HD-Stickgarne
Uhlenhof-Stickpackungen
Uhlenhof-Stickleinen
Bilderrahmen
Schrägschnitt-Passepartouts
Fachbücher
Reichhaltiges Zubehör – Fertigartikel

Ein ganzes Programm rund um den Kreuzstich

Fordern Sie Bezugsquellennachweise an;
Bestellungen leiten wir an das zuständige Fachgeschäft weiter.

Anfragen nach Katalog oder kostenloser Zusendung
der quartalsweise erscheinenden Broschüre DER KREUZSTICH
direkt an:

Uhlenhof-Stickereien GmbH & Co, KG
Denkmalshof UHLENHOF
D-19217 Thandorf/Mecklenburg-Vorpommern
Tel.: 03 88 75/3 99-0 – Fax 03 88 75/3 99-17

© 1997 Rosenheimer Verlagshaus GmbH & Co. KG, Rosenheim

Titelbild: Claus Rammel, Rosenheim
Fotografie: Raphael Lichius, Rosenheim
Der Fotograf dankt der Gärtnerei *Garten Prentl,* dort ist ein Großteil der Aufnahmen entstanden,
sowie Gerda Grosch, die ihre Dekorationsobjekte zur Verfügung gestellt hat.
Satz und Lithografie: Simon Print Medien Service GmbH, Rosenheim
Druck und Bindung: Graphicom Srl, Italien

ISBN 3-475-52877-0